les histoires ROUGE & OR

Raton laveur
et bricoleur!

Karen Wallace • Graham Percy

ROUGE & OR

Pour Henri – K.W.
Pour Gabriel – G.P.

L'édition originale de ce livre est parue sous le titre *Albert's Raccoon*
chez Kingfisher Publications Plc, Londres, en 2001.

Traduction : Marie-Hélène Routisseau
Édition : Véronique Roberty et Émilie Franc
Mise en pages : Marine le Breton

Conforme à la loi n°49956 du 16 juillet 1949 sur les publications destinées à la jeunesse.

Numéro d'éditeur : 10146336
ISBN : 978-2-26-140194-9
Dépôt légal : mars 2008
Imprimé en Chine

Sommaire

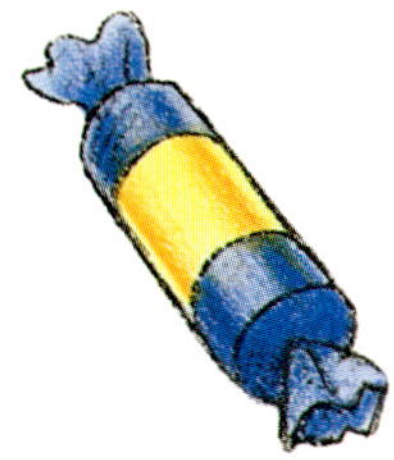

Chapitre un

Un jour, en rentrant de l'école, Thomas trouve une grande boîte en bois devant la porte de sa maison. C'est un colis envoyé par l'oncle Alfred.

« Ah ! Non ! Ce n'est pas vrai !

s'écrie la mère de Thomas.

La dernière fois que l'oncle Alfred est venu, il a laissé deux serpents sous son lit et une chauve-souris géante derrière la porte. »

Rien qu'en y pensant,
son visage pâlit.

Le père de Thomas lève les yeux au ciel.
« Et la fois d'avant, il a laissé
un hippopotame dans le bassin. »

Ils regardent de nouveau la boîte.

Une lettre est épinglée sur le côté.

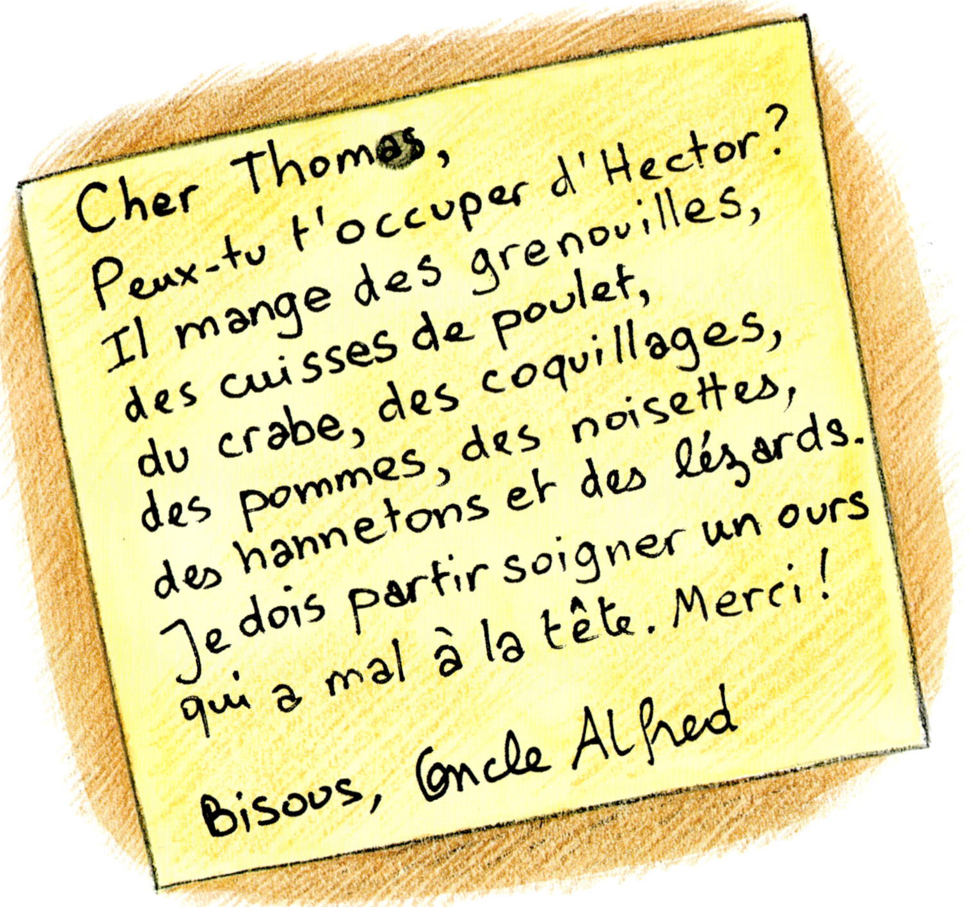

Thomas ouvre la boîte.

Un animal noir et blanc avec une queue rayée en sort.

On dirait qu'il est déguisé.

C'est un raton laveur.

« Ouaaah ! s'écrie Thomas.

– Pas possible ! s'exclame sa mère.

– Oh ! Non ! dit son père.

– Chruuk-chruuk », fait Hector

le raton laveur.

Le reste de la journée, Thomas et Hector jouent ensemble.

Ils recherchent des pommes.

Ils cassent des noisettes.

Ils partent à la chasse aux lézards.

Très vite, ce sont les meilleurs amis du monde!

Cette nuit-là, Hector dort couché en rond dans sa boîte, au milieu de la cuisine.

Thomas est tellement énervé qu'il n'arrive pas à s'endormir.
Et dire que demain, il va visiter la fabrique de bonbons de son père.
En plus, il a maintenant un nouvel animal à la maison, un ami extraordinaire !

Chapitre deux

Tôt, le lendemain matin, un cri épouvantable se fait entendre dans la cuisine.

Thomas saute de son lit et se précipite en bas.

Sa mère se tient debout au centre de la pièce.

Thomas a l'impression d'être dans un rêve bizarre.

Le grille-pain fabrique des spaghettis.

La machine à spaghettis fait du pain grillé.

Le presse-citron épluche les pommes de terre.

Et la machine à laver prépare déjà une omelette pour le dîner.

Le père de Thomas entre dans la cuisine.
Hector ouvre un œil, et le referme aussitôt.
Il fait semblant de dormir.
Le père de Thomas regarde la mère de Thomas.
La mère de Thomas regarde Thomas.
Et tous regardent Hector.

Hector, lui, garde les yeux fermés.
Mais tous savent bien que les ratons laveurs sont très bricoleurs.
Et tous voient bien qu'il essaie de cacher des morceaux de la machine à laver avec sa queue.

« Cet animal ne peut pas rester dans ma maison ! s'écrie la mère de Thomas.

– Qu'allons-nous faire ? demande son père.

– Je téléphone à la Société Protectrice des Ratons Laveurs. Ils viendront le chercher, s'écrie-t-elle.

– Chruuk-chruuk, fait Hector.

– Je ne veux pas qu'Hector parte, crie Thomas.

– Ne t'inquiète pas, mon chéri, dit sa mère. Nous aurons un autre animal très vite, un chaton ou bien un chiot si tu préfères ? »

Mais Thomas n'écoute pas. Il prépare un plan.

Chapitre trois

Une tête de panda est suspendue à la porte : c'est le vieux sac à dos de Thomas.
Ça ne ressemble pas tout à fait à un raton laveur mais son plan peut marcher.
Thomas ramasse Hector et le met dans son sac à dos tout neuf.

« Ne fais pas de bruit ! »
lui chuchote-t-il.

Les yeux vifs d'Hector se mettent à pétiller, comme s'il comprenait.

Puis, Thomas place la tête de panda dans la boîte d'Hector et met le sac à dos en boule pour faire croire qu'il dort.

Thomas ne peut retenir un petit sourire.

Quelle surprise pour les agents de la Société Protectrice qui viendront chercher Hector !

Dix minutes plus tard,
Thomas et son père partent
pour la fabrique de bonbons.
« Aujourd'hui, c'est un jour important
pour l'usine, dit son père.
– Pourquoi ? demande Thomas.
– Monsieur Caramelmou sera là. Alors,
rien ne doit aller de travers. »

Thomas se sent rougir.

« Qui est Monsieur Caramelmou ? demande-t-il.

– Monsieur Caramelmou possède des magasins de bonbons partout dans le monde, explique le père de Thomas. S'il aime mes bonbons, il en achètera des kilos et des kilos.

– Chruuk-chruuk, fait Hector dans le sac à dos de Thomas.

– Je te demande pardon ? »

dit le père de Thomas.

Thomas rougit encore plus.

« Euh… Je suis sûr que Monsieur Caramelmou adorera tes bonbons », ajoute-t-il rapidement.

Et les voilà qui passent les portes de l'usine.

Chapitre quatre

Au moment où Thomas et son père entrent dans l'usine, le téléphone se met à sonner.

« J'en ai pour une minute, dit le père de Thomas. Ne touche à rien ! »

Thomas lui répond par un grand sourire. Il aime cette usine.

Elle est remplie de machines qui sifflent, qui grondent, et crépitent.

À un bout de l'usine, six énormes batteurs virevoltent dans des bassines remplies d'une pâte sucrée et collante.

À l'autre bout, la pâte sucrée cuit dans un four gigantesque.

Ensuite, elle est coupée en morceaux par une machine spéciale.

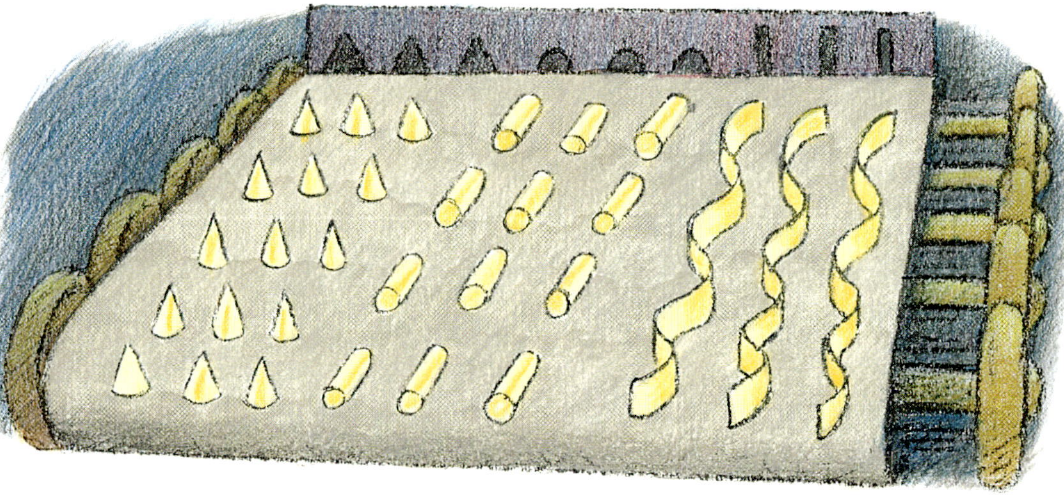

Puis chaque bonbon est nappé d'un sucre de couleur différente.

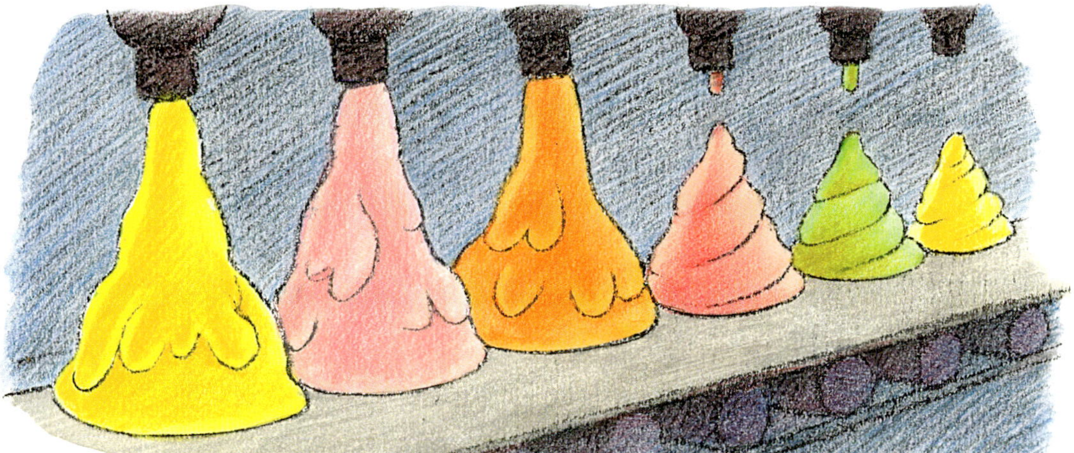

Les bonbons jaillissent d'un tube en argent et sautent dans un plateau de dégustation immense. C'est un moment magique !

badaboum !

Thomas retire le sac de ses épaules.
« Je vais te faire faire un tour
si tu me promets de ne toucher à rien »,
murmure-t-il à Hector.
Mais quand il ouvre son sac,
son sang se glace.
Hector a disparu.

Chapitre cinq

VLAN !

« Thomas ! » hurle son père. Il sort de son bureau sous une pluie de marshmallows. Il plonge au moment où des milliers de boules de gomme le bombardent. « Je t'ai demandé de ne pas toucher à... » Mais il n'a pas le temps de finir sa phrase.

Il aperçoit à travers la fenêtre de la salle de contrôle un animal à la fourrure noire et blanche assis devant des leviers et des voyants lumineux.
C'est Hector le raton laveur,
qui ne s'est jamais autant amusé.
Soudain, les machines deviennent folles et font un bruit inhabituel, un bruit que le père de Thomas n'a jamais entendu.
La gorge de Thomas se serre.
Les yeux de son père s'agrandissent comme des soucoupes.
Et comme un malheur n'arrive jamais seul, c'est à ce moment-là que la porte de l'usine s'ouvre...

« Bonjour ! » dit une voix douce
et profonde.
Un homme vêtu d'un costume marron
et blanc, une canne au pommeau d'or
à la main, pénètre dans l'usine.
« Monsieur Caramelmou,
votre serviteur ! » dit-il.

Le visage du père
de Thomas prend
la couleur du sucre
glace.

«Vous ne m'attendiez pas?»
demande Monsieur
Caramelmou
d'une voix surprise.

Le père de Thomas
ouvre la bouche mais
aucun son n'en sort.

Thomas regarde Hector.
Hector regarde Thomas.
Ses yeux pétillent.
Soudain, Thomas sait
que tout se passera
bien.

« Bien sûr, que nous
vous attendions !
dit-il rapidement.
Et nous avons
des bonbons
extraordinaires
à vous montrer.

– Ah bon ? dit le père de Thomas d'une voix faible.

– Bien sûr que oui ! » dit Thomas.

Monsieur Caramelmou regarde l'un puis l'autre.

Il ouvre son carnet d'un geste rapide.

« Excellent ! dit-il. Je vous suis. »

Chapitre six

Thomas, le père de Thomas
et Monsieur Caramelmou se penchent
au dessus de l'immense plateau
de dégustation. Il est vide.
« Ça ne fait rien, dit Monsieur
Caramelmou d'une voix douce.
Je reviendrai un autre jour. »
Et il referme son carnet d'un coup sec.

« S'il vous plaît, attendez ! » s'écrie Thomas. Sa gorge se serre. Il regarde Hector dans la salle de contrôle. « Je suis sûr que *quelque chose* va se passer. »

Le père de Thomas lève les yeux au ciel.

Soudain, un sifflement, puis un vrombissement, puis un fracas sort de la machine à bonbons.

« Oh ! Ciel ! s'écrie M. Caramelmou. On dirait qu'il se passe *quelque chose* ! »

ZOOOUUUUUUUM !

Et tout à coup, un torrent
de bonbons jaillit
de l'énorme tube d'argent
et s'écrase sur le plateau
de dégustation.

Les bonbons ont une forme
inimaginable.

Il n'y a ni boules de gomme,
ni pastilles à la menthe,
ni bâtons de réglisse,
ni sucettes à la fraise,
ni pâte de fruits,
ni caramels,
ni petits bonbons acidulés…

Mais au lieu de ça…

ZOOUUUUM!

il y a des grenouilles
vertes en sucre,
des crabes roses fondants,
des coquillages
en chocolat au lait,
des lézards à la menthe,
des sucettes Poulette
et des croquants
de hannetons à l'orange.

Exactement le genre de bonbons qu'un raton laveur aimerait manger ! Thomas avale sa salive et devient rouge écarlate. Qu'est-ce que Monsieur Caramelmou va dire ?

« Étonnant ! » s'exclame Monsieur Caramelmou.
Il applaudit et saute de joie autour de sa canne.
« Vos bonbons sont formidables, crie-t-il. Je n'en ai jamais vu de pareils ! »
Monsieur Caramelmou serre la main du père de Thomas : « Félicitations, cher Monsieur ! J'achète tout votre stock et j'en commande un million de plus.
– Un million… », ronchonne le père de Thomas.
Monsieur Caramelmou jette la tête en arrière et éclate de rire.
« D'accord ! DEUX millions », dit-il.

À ce moment-là, Hector traverse la pièce en trottinant et saute dans les bras de Thomas.

« Ça, alors ! » s'écrie Monsieur Caramelmou. Il fixe les yeux intelligents d'Hector.

« Mais on dirait un raton laveur ! »
Le père de Thomas tape sur l'épaule de son fils et chatouille les oreilles d'Hector.
« Ce n'est pas un raton laveur, dit-il. C'est un petit génie de la confiserie, recouvert de fourrure. »

Il rit et décoiffe les cheveux de Thomas.

« Et il appartient à mon fils ! »

Thomas lève les yeux vers son père :

« Je peux le garder pour de bon ?

demande-t-il tout doucement.

– Pour toujours », répond le père

de Thomas avec un sourire.

FIN

Qui est l'auteur de ce livre ?

Karen Wallace est un auteur qui a publié plus de 70 livres pour la jeunesse. Elle est née au Canada où elle vivait avec sa famille dans une cabane en rondins. « Nous avions des amis qui avaient un raton laveur comme animal de compagnie, dit Karen. Le seul problème était que le raton laveur démontait tout, la nuit - alors ils ont dû lui construire une petite maison dans le jardin. C'est à ce raton laveur-là que j'ai pensé quand j'ai écrit cette histoire. »

Qui est l'illustrateur ?

Graham Percy est né et a été élevé en Nouvelle-Zélande. Il est venu à Londres faire ses études au Royal College of Art et a illustré de nombreux livres pour les enfants. Graham n'a jamais rencontré un vrai raton laveur mais il dit : « Quelquefois, on dirait qu'Hector est venu dans mon atelier pour jouer avec mes peintures et renverser mes crayons sur mon bureau. »

Le petit Quiz

Chapitre 1

1. Que trouve Thomas dans la grande boîte en bois ?

2. Où travaille le papa de Thomas ?

Chapitre 2

3. Que fait le presse-citron grâce à Hector ?

4. À qui téléphone la maman d'Hector ?

Chapitre 3

5. Que met Thomas dans la boîte à la place d'Hector ?

Chapitre 4

6. Avec quoi chaque bonbon est-il nappé ?

7. Que découvre Thomas lorsqu'il ouvre son sac ?

Chapitre 5

8. Qui fait son apparition au moment où les machines deviennent folles ?

Chapitre 6

9. De quelles formes sont les bonbons d'Hector ?

10. Combien de bonbons Monsieur Caramelmou décide-t-il finalement d'acheter ?

Réponses

Chapitre 1 **1.** Hector, le raton laveur ; **2.** Dans une fabrique de bonbons.

Chapitre 2 **3.** Il épluche les pommes de terre ; **4.** À la Société Protectrice des Ratons.

Chapitre 3 **5.** Son vieux sac à dos en forme de tête de panda.

Chapitre 4 **6.** Avec du sucre de couleur ; **7.** Qu'Hector a disparu !

Chapitre 5 **8.** Monsieur Caramelmou.

Chapitre 6 **9.** En forme de grenouilles, de crabes, de coquillages, de lézards, de pattes de poulets et de hannetons ; **10.** Deux millions.